# Businessplan - Den Erfolg planen!

## Planung und Controlling vom Start weg

### Bonuskapitel:

### Das Projekt Unternehmensgründung

© 2017 Mag. Franz Bauer

**Der Autor:**

Mag. Franz Bauer hat an der Wirtschaftsuniversität Wien Betriebswirtschaft studiert und danach viele Jahrzehnte als Unternehmensberater gearbeitet.

Seit 2005 ist er als selbstständiger Bewerbungs- und Karriereberater erfolgreich.

Dieses ebook entstand in der Zeit als er selbst sein Unternehmen gründete. Daher beschreibt er hier seine Erfahrungen aus der eigenen Praxis und die Vorgangsweise wurde erfolgreich eingesetzt.

Die Inhalte wurden nun aktualisiert und neue Erfahrungen eingearbeitet.

Das Werk einschließlich aller seiner Teile ist urheberrechtlich geschützt.

Jede Verwertung ist ohne Zustimmung des Autors unzulässig.

Das gilt insbesondere für Vervielfältigungen, Übersetzungen, Mikroverfilmungen und die Einspeicherung und Verarbeitung in elektronischen Systemen.

Copyright © 2017 Franz Bauer, Wien

Umschlagfoto: Pixabay

**ISBN:** 9781973556206

**Imprint:** Independently published

# Inhaltsverzeichnis

1. Wieso sollte ein Einzel- oder Kleinunternehmer planen? ................................................................. 1
2. Wer sollte den Businessplan erstellen? ............... 3
3. Controlling - Verwechseln Sie nicht Plan und Realität ................................................................. 5
4. Die wichtigsten Kapitel eines Businessplans ........ 9
5. Executive Summary - Zusammenfassung ........... 11
6. Ihre Vision - Ihre Geschäftsidee ....................... 13
7. Produkt- oder Dienstleistungsbeschreibung ........ 14
8. Persönliche Voraussetzungen ........................... 16
9. Fachliche und rechtliche Voraussetzungen ......... 17
10. Positionierung und Wettbewerbsdifferenzierung - USP    19
11. Kundesegmentierung und Zielgruppe ............... 22
12. Marketing-Plan ............................................... 25
13. Die Marketing-Strategie ................................... 26
14. Die Marketing-Ziele ......................................... 28
15. Die Marketing-Maßnahmen .............................. 30
16. Marketingbudget ............................................. 32
17. Marketingzeitplan ............................................ 36
18. Marketing-Controlling ...................................... 38
19. Umsatzplanung ............................................... 40
20. Verkaufbare Menge eines Produktes – Markt- und Konkurrenzanalyse ................................... 42
21. Verrechenbare Arbeitszeit eines Dienstleisters    47
22. Preisplanung – Wie hoch ist der Preis? ........... 49
23. Preis-Kalkulation im Dienstleistungsbetrieb ...... 51
24. Kosten- und Investitionsplan – Wofür brauchen Sie Finanzmittel? ............................................. 53
25. Personalplan .................................................. 62

26. Planrechnung – einfache Einnahmen-Ausgabenrechnung ....................................................... 63
27. Liquiditätsplan ................................................. 65
28. Privatperson Unternehmer – Privater Finanzplan 68
29. Risikomanagement - Versicherungen ............. 72
30. TIPPS für die Erstellung des Businessplans .... 75
31. Kriterien für den Misserfolg- Was müssen Sie tun, um zu scheitern? ....................................................... 77
32. Bonuskapitel: Unternehmensgründung als Projekt 78
33. Unternehmensgründung – Ihr erfolgreichstes Projekt! 79
34. Die Idee und die Entscheidung zur Gründung . 85
35. Brainstorming .................................................. 89
36. Mindmap ......................................................... 90
37. SWOT-Analyse ............................................... 91
38. Umwelt- und Risikoanalyse ............................. 93
39. Planungsphase – Basis für den Erfolg! ............ 96
40. Terminplan ..................................................... 101
41. Standortplanung ............................................. 102
42. Markt- und Konkurrenzanalyse ...................... 107
43. Kostenplan .................................................... 112
44. Finanz- und Liquiditätsplan ............................ 114
45. Zusammenfassung im Businessplan ............. 115
46. Gründungsphase – Jetzt geht's los! ............. 118

Businessplan

## 1. Wieso sollte ein Einzel- oder Kleinunternehmer planen?

Es gibt eine Unmenge an Tipps und Ratschlägen für die Erstellung von Businessplänen.

Warum schreibe ich dann noch einen? Mehr desselben?

Nein! Ich konzentriere mich absolut pragmatisch auf jene Punkte, die für EPUs und KMUs einen erfolgreichen Start sichern und das langfristige Überleben gewährleisten.

Wenn ich in anderen Texten darüber lese, was Redbull und Coca Cola so besonders gut gemacht haben (ein beliebtes Kapitel dafür ist der USP), dann stellt sich natürlich die Frage, wie soll ein Einzelpersonen-Unternehmer wohl davon profitieren?

Franz Bauer

Nichts! Das ist eine andere Welt! Ich habe jahrzehntelang große Unternehmen in Österreich beraten. Diese Welt hat nicht viel mit den Sorgen und Nöten des kleinen Einzelunternehmers zu tun!

Nun bin ich selbständiger Einzelunternehmer. Aus meinen Erfahrungen bei der Gründung und den letzten Jahren als Unternehmer ist dieses Buch entstanden. Ich habe daher nur jene Inhalte hier eingearbeitet, die wirklich Nutzen bringen!

Alle Methoden, Checklisten, Hilfsmittel und Fragen sind so gestaltet, dass sie einfach und in angemessener Zeit durchgearbeitet werden können. Jeden unnützen Ballast, der vielleicht für Großunternehmen Sinn macht, habe ich abgeworfen!

**Profitieren Sie von meinen persönlichen Erfahrungen als Einzelunternehmer!**

## 2. Wer sollte den Businessplan erstellen?

Sie sind als selbständiger Unternehmer dafür verantwortlich! Erstellen Sie den Businessplan selbst! Sie können Sich dabei von Spezialisten unterstützen lassen! Aber es ist Ihre Unternehmen, Ihre Geschäftsidee!

Holen Sie sich die Beratung, die Sie brauchen. Den Steuerberater für die steuerrechtlichen Belange, den Finanzierungsspezialisten von der Bank, den Juristen für die optimale Rechtsform, den Werbespezialisten für die Werbemittel.

Aber geben Sie niemals die Entscheidungsbefugnis aus der Hand! Behalten Sie den Überblick, was in IHREM Unternehmen mit IHREM Geld geschieht!

Franz Bauer

Dazu müssen Sie sich in viele Themenbereiche, die Ihnen vielleicht bis jetzt fremd und unvertraut waren, einarbeiten.

## 3. Controlling - Verwechseln Sie nicht Plan und Realität

Ein Businessplan ist – auch aus wissenschaftlicher Sicht – ein wichtiger Baustein zum Erfolg.
Unternehmensgründungen sind häufig mit hohem persönlichem und finanziellem Risiko verbunden.

Oft erfolgen erstmals bei der Erstellung des Businessplans eine fundierte Einschätzung des Markpotenzials und eine betriebswirtschaftliche Untermauerung der Geschäftsidee.

Sind Sie auf Fremdkapital angewiesen (von Banken, Förderungen oder Business Angels), dann ist der Businessplan der Schlüssel für die Verhandlungen mit den Geldgebern und Investoren.

Franz Bauer

**Der Plan erfüllt aber noch einen weitaus wichtigeren Zweck.**

Die Ausarbeitung des Businessplans richtet Ihr Augenmerk ganz gezielt auch auf jene Bereiche, die Unternehmensgründer nur allzu leicht ausblenden.

Sie sind in jenem Bereich, in dem Sie Ihr Unternehmen gründen, ein erfahrener Experte (sind Sie das nicht, dann sollten Sie sehr genau darüber nachdenken, warum sie gründen!). Es liegt in der Natur der Sache, dass Sie sich daher sehr gern und intensiv mit Ihrer Geschäftsidee beschäftigen.

Aber als selbständiger Unternehmer müssen Sie nicht nur die Rolle des Spezialisten in Ihrem Fachbereich ausfüllen, Sie sind dann auch verantwortlich für Marketing, Vertrieb, Buchhaltung, Software- und Hardware, rechtliche Fragen (Haftung!) und noch vieles mehr.

Businessplan

Sollten Sie in der glücklichen Lage sein, dass Sie sich diese Leistungen auch zukaufen können, dann müssen Sie trotzdem die Entscheidungen treffen und die Verantwortung tragen.

Wenn Sie einen Steuerberater beauftragen, dann wird er sich (hoffentlich) optimal um Ihre Vertretung gegenüber dem Finanzamt bemühen. Aber ein steuerrechtliches Optimum ist nicht unbedingt ein Optimum aus Sicht des gesamten Unternehmens.

**Das Tragen der Verantwortung ist als Einzel- und Kleinunternehmer sehr unmittelbar zu spüren! Jede falsche Entscheidung hat sofort Auswirkungen auf Ihr verfügbares Einkommen! Sie haben keinen Arbeitgeber, der Ihnen ein Monatsgehalt ausbezahlt, egal wie die wirtschaftliche Lage des Unternehmens ist!**

Einen ersten Eindruck, was auf Sie als Unternehmer an Herausforderungen zukommt, bekommen Sie bei der Erstellung des Businessplans.

> **Nur der beste Plan ist nur so gut, wie seine Umsetzung!**

Vergessen Sie daher nie, dass der Plan nur eine Vorwegnahme der Zukunft ist. Er ist nur ein Plan und nicht die Realität!

Daher ist es unbedingt notwendig, sich immer wieder zu vergewissern, dass Sie auf dem richtigen Weg sind und wenn Sie davon abweichen, dass Sie die richtigen Korrekturmaßnahmen setzen! Das nennt der Betriebswirt dann Controlling!

Daher ist der Businessplan nichts statisches, sonder er lebt! Die einzelnen Teile des Businessplans werden Sie bei der Führung des Unternehmens stets begleiten!

## 4. Die wichtigsten Kapitel eines Businessplans

Die angeführten Kapitel müssen nicht in jedem Unternehmen im gleichen Detaillierungsgrad ausgeprägt sein. Aber fehlen Sie überhaupt, dann steht Ihr Unternehmen auf sehr schwachen Beinen! Das Risiko des Scheiterns ist dann Ihr steter Begleiter!

- Executive Summary - Zusammenfassung
- Ihre Vision - Ihre Geschäftsidee
- Produkt- oder Dienstleistungsbeschreibung
- Persönliche und rechtliche Voraussetzungen
- Markt (Chancen, Potential, Konkurrenz)
- Marketingplan
- Investitionsplan – Wofür brauchen Sie Finanzmittel?
- Finanzplanes – Woher kommen die Finanzmittel?

- Personalplan
- Planrechnung
- Liquiditätsplan
- Risikomanagement
- Vorsorge für den Notfall (Versicherungen,...)

## 5. Executive Summary – Zusammenfassung

Bei dieser Zusammenfassung handelt es sich nicht um eine Einführung in den Businessplan. Es ist vielmehr eine komprimierte Darstellung Ihres Businessplans.

Potentielle Geldgeber lesen dieses Kapitel zuerst. Gehen Sie daher sehr sorgfältig bei der Formulierung der Zusammenfassung vor. Hier müssen Sie das Interesse des Lesers wecken.

**Gehen Sie dabei kurz und prägnant auf folgende Punkte ein:**

- Was ist Ihre Geschäftsidee/Ihr Produkt/Ihre Dienstleistung?
- Was ist der wesentliche Kundennutzen?
- Wo liegen Ihre Wettbewerbsvorteile?
- Welche wirtschaftlichen Ziel haben Sie (Umsatz, Gewinn, Kapitalbedarf, kurz- mittel-langfristig)?

Die Inhalte sollten in kurzer Zeit vom Leser erfasst werden können. Halten Sie sich kurz und vermeiden Sie inhaltsleere Allgemeinplätze (beste Qualität, bester Preis,.....).

## 6. Ihre Vision - Ihre Geschäftsidee

Warum braucht ein kleines Unternehmen auch eine Vision? Hier formulieren Sie was hinter Ihrer Geschäftsidee steckt! Hier beschreiben Sie warum Sie sich selbstständig machen und von Ihrer Idee überzeugt sind.

---

**Fassen Sie Ihre Begeisterung für Ihre Geschäftsidee in einem einzigen aussagekräftigen und kundenorientierten Satz zusammen!**

---

Beschreiben Sie damit, wofür Sie als Unternehmer stehen, was Ihre Produkt/Ihre Dienstleistung zu etwas Besonderem macht.

## 7. Produkt- oder Dienstleistungsbeschreibung

Beschreiben Sie in diesem Kapitel Ihr Produkt- und Dienstleistungsspektrum. Verwenden Sie dazu die Sprache und Begriffe, die Kunden und Geldgeber verstehen. Vermeiden Sie technische Fachausdrücke. Erklären Sie Ihr Produkt /Ihre Dienstleistung mit möglichst einfachen Worten.

**Orientieren Sie sich dabei an folgenden Fragen:**

- Welchen Nutzen hat Ihr Produkt/Ihre Dienstleistung für Ihre Kunden?
- Welche Vorteile bieten Sie im Vergleich zur Konkurrenz?
- Wie weit sind Sie in der Entwicklung Ihres Produktes/Ihrer Geschäftsidee?

Businessplan

- Welche Zielkunden sprechen Sie an?
- Durch welche Alleinstellungsmerkmale zeichnet sich Ihr Produkt/ Ihre Dienstleistung aus?

Gehen Sie dabei nicht vorschnell davon aus, dass Sie der Einzige am Markt sind, der dieses Produkt/Ihre Dienstleistung in dieser Art und Weise anbietet. Es ist ein tödlicher Fehler für Ihr Unternehmen, wenn Sie die Konkurrenz unterschätzen.

## 8. Persönliche Voraussetzungen

Die Selbständigkeit ist nicht für jeden das Richtige. Seien Sie ehrlich zu sich, ob Sie selbständig und allein Arbeiten können und Entscheidungen treffen können.

Vergessen Sie nicht, dass die Selbständigkeit massiven Einfluss auch auf Ihre private Situation hat. Das wird ganz besonders gravierend sein, wenn Ihr Arbeitsplatz in Ihrem Haus, in Ihrer Wohnung sein wird.

Sie werden immer wieder Phasen mit hoher Arbeitsbelastung und Stress haben. Klären Sie mit Ihrer Familie, ob Sie gemeinsam dieser Belastung stand halten können.

## 9. Fachliche und rechtliche Voraussetzungen

**Fachliche Voraussetzungen**

Sie müssen Ihr „Handwerk" verstehen und den Markt kennen!

Daneben müssen Sie als Unternehmer auch kaufmännische Kenntnisse haben. Sollten diese Fehlen, dann erwerben Sie diese unbedingt!

**Rechtliche Voraussetzungen**

Erfüllen Sie alle gewerberechtlichen Voraussetzungen?

Brauchen Sie eine Befähigungsnachweis?

Brauchen Sie eine Betriebsanlagengenehmigung?

..............

Holen Sie Auskünfte bei der Wirtschaftskammer ein oder bei einem Juristen/In

Franz Bauer

**Patent- und Markenrechte**

Haben Sie alle Patent- und Markenrechte, die Sie brauchen?

Haben Sie Ihre Idee rechtlich geschützt?

## 10. Positionierung und Wettbewerbsdifferenzierung - USP

Unter Positionierung versteht man, das Produkt/die Dienstleistung so zu gestalten, dass sie sich vom Angebot der Konkurrenz abhebt. Das Ziel ist die Einzigartigkeit.

**Dazu müssen zwei Fragen beantwortet werden:**
- Warum sollte der Kunden ausgerechnet bei mir kaufen?
- Was kann mein Unternehmen besser als die Konkurrenz?

Diesen einzigartigen, der Konkurrenz überlegenen Wettbewerbsvorteil bezeichnet man als „Unique Selling Proposition" (USP = einzigartiges Verkaufsversprechen).

Viele UnternehmerInnen formulieren Ihre

USP viel zu sehr in Pauschalaussagen. Es sind zwar Superlative erlaubt und gewünscht bei der Wortwahl, aber es darf sich dabei nicht um Plattitüden handeln.

Nichtssagende und abgedroschene Redewendungen dienen oft mehr der Verschleierung, als dass sie helfen den Kundennutzen zielgenau zu transportieren.

Vermeiden Sie daher Aussagen, die Sie schon tausendfach gehört haben. Wenn Sie der einzige Anbieter mit einem bestimmten Vorteil sind, dann benennen Sie diesen ganz konkret.

Sonst sind sie der tausendste Anbieter, der beste Qualität, bestes Service zum günstigsten Preis anbietet.

Businessplan

> Detaillierte Informationen zum USP (Alleinstellungsmerkmal) finden Sie hier:
>
> Sei einzigartig! Wie Sie als EPU erfolgreich werden. Zeigen Sie wo Sie besser sind. Auch Einzel- und Kleinunternehmer brauchen einen USP!
>
> Kindle Edition, Autor: Franz Bauer, ASIN: B075GPVXHF, 2017

## 11. Kundesegmentierung und Zielgruppe

Um erfolgreich Kunden zu akquirieren, muss einerseits das Produkt genau auf die Bedürfnisse und den Nutzen des Kunden abgestimmt sein und andererseits das Marketing genau die richtigen Kunden mit den richtigen Methoden ansprechen.

Das Ziel der Kundensegmentierung ist es möglichst effizient die gewünschte Zielgruppe mit den Verkaufsmaßnahmen zu erreichen.

---

**Wer sind meine Kunden?
Wo und wie kann ich meine Kunden erreichen?**

---

Die Bildung von Kundensegmenten kann nach unterschiedlichen Kriterien erfolgen. Zu den wichtigsten zählen:

- Welchen Beitrag leistet der Kunde für das Unternehmen? Wie wichtig ist der Kunde für den Erfolg des Unternehmens? Es liegt nahe, sich zunächst um diejenigen Kunden zu kümmern, deren Wert für das Unternehmen vergleichsweise höher ist.
- An welchen Produkten hat der Kunde Interesse? Hieraus lassen sich konkrete Hinweise auf die individuelle Ansprache der Kunden ableiten.
- Welche Erwartungen und welche Bedürfnisse hat der Kunde?
  An das Produkt? An die Abwicklung?
  - Welche Besuchszeitpunkte sind ihm recht
  - Welche zusätzliche Serviceleistungen erwartet er?
  - Welche Qualität und welche Eigenschaften wünscht der Kunde?
  - Welchen Nutzen erwartet er sich von dem Produkt?

- Welche persönlichen Daten liegen zugrunde?
  Häufig erfolgt die Kundensegmentierung nach persönlichen Daten wie Geschlecht, Altern, Ausbildung, Beruf, Familienstand, Herkunftsland etc.

## 12. Marketing-Plan

Erfolgreiches Marketing setzt voraus, dass man einen genauen Marketingplan erstellt und diesen dann Schritt für Schritt umsetzt. Wichtig ist den Erfolg der Marketingmaßnahmen laufend zu kontrollieren, um korrigierend eingreifen zu können.

**Wie können Sie einen Marketingplan erstellen?**

Es geht nur darum, dass Sie Ihr Marketing in all seinen Facetten gründlich durchdenken und die Ergebnisse schriftlich festhalten. Sonst kann es passieren, dass Sie wie ein Blinder durch das Geschäftsleben taumeln und Ihre Zeit, Energie und nicht zuletzt Ihr Geld wirkungslos verpulvern.

## 13. Die Marketing-Strategie

In diesem ersten Schritt geht es darum, wenn Sie in Zukunft jemand fragt, was Sie beruflich machen, dann kommt wie aus der Pistole geschossen,

- was genau Sie Ihren Kunden für einen Nutzen bieten,
- wer genau Ihre Kunden sind und
- warum Ihre Kunden mit Ihnen Geschäfte machen und nicht mit Ihren Mitbewerbern.

## Businessplan

Beantworten Sie also zuerst sich selbst die folgenden Fragen, am besten schriftlich:

- Welchen ganz konkreten Nutzen biete ich meinen Kunden?
- Was haben meine Kunden ganz konkret davon, wenn sie meine Dienste in Anspruch nehmen?
- Welche Vorteile haben meine Kunden?
- Wer genau sind meine/unsere Kunden?
  Bei Privatkunden: Alter, Beruf, Einkommen, Interessen.
  Bei Unternehmen: Größe, Branche, Markt, Region.
- Was kann ich besser als meine Mitbewerber?
- Wo sind meine größten Stärken?
- Was kann ich, was andere nicht oder nicht so gut können (USP)?

## 14. Die Marketing-Ziele

Ohne Ziele verzetteln Sie sich leicht oder verlieren Ihre Ziele ganz aus den Augen. Es ist die Voraussetzung für die Festlegung Ihres Marketing-Budgets. Nur wenn Sie wissen, was Sie alles in der nächsten Zeit erreichen wollen, können Sie auch ausrechnen, was es ungefähr kosten wird.

Legen Sie fest, bis zu welchem Zeitpunkt Sie welches Ziel mit Ihrem Marketing erreichen wollen.

## Das könnte z. B. für einen Trainer folgendermaßen aussehen:

- Bis zum Jahresende mindestens 100 neue Adressen mit möglichen Interessenten für meine Adresskartei gewinnen.
- Mindestens 20 Teilnehmer für meinen Kurs "Kreativität für Anfänger" im August.
- Mindestens 12 Teilnehmer für meinen Kurs "Kreativität für Fortgeschrittene" im August.
- Bis zum Jahresende mindestens 1 Fachartikel in der Lokalpresse unterbringen mit deutlichem Hinweis auf meine Dienstleistungen.

## 15. Die Marketing-Maßnahmen

Ihre Marketing-Maßnahmen hängen von verschiedenen Faktoren ab:

- Wer genau ist Ihre Zielgruppe?
- Mit welcher Maßnahme erreichen sie diese am besten?
- Was kostet Ihre Dienstleistung / Ihr Produkt und wie viel Geld können pro Abschluss / Verkauf ausgeben, um noch den Gewinn zu machen, den Sie anstreben.

Jedes Marketinginstrumente und jede Marketingmaßnahme hat ihre Vor- und Nachteile hinsichtlich Kosten, Zielgruppengenauigkeit und Aufwand.

Businessplan

Welche für Sie am günstigsten sind, hängt von Ihrem Produkt, Ihrer Zielgruppe, Ihren Marketing-Zielen und nicht zuletzt von dem maximalen Budget ab, das Ihnen zur Verfügung steht.

## 16. Marketingbudget

**Marketingbudget abgeleitet von Marketingmaßnahmen**

Erheben Sie die Kosten für Ihre geplanten Marketingmaßnahmen und addieren Sie die Beträge. Die Summe ist das Marketingbudget. Achten Sie auch darauf, wann die Kosten anfallen. Wichtig für die Liquiditätsplanung!

**Marketingbudget in % von geplanten Umsatz**

Drücken Sie Ihr Marketingbudget als Prozentsatz des Umsatzes aus. Langfristig sollte man sein Werbebudget am Umsatz ausrichten. Im Schnitt liegen die Werbebudgets zwischen 5 und 10% des Umsatzes.

Businessplan

Bei der Gründung bestehen noch keine Umsätze. Daher ist es sinnvoll, sein Budget anhand der finanziellen Möglichkeiten ausrichten.

Durch die Anlaufkosten bzw. Einmalkosten (z.B. für Grafiker, Designer, Internetauftritt) ist das Marketingbudget zu Beginn häufig höher, als in den folgenden Jahren.

## Marketingbudget nach Neukunden

Rechnen Sie sich aus, wie viel Ihnen ein neuer Kunden wert ist.

Wenn Sie Produkte verkaufen und pro Kunde und Jahr im Durchschnitt 500 Euro erwirtschaften, dann kann Ihnen ein Neukunde vielleicht 150 Euro wert sein.

Sie wollen 20 Neukunden in diesem Monat und pro Neukunde 150 Euro ausgeben, dann ist Ihr Budget diesen Monat 20 x 150 Euro = 3.000 Euro.

Wie viel Ihnen einen Kunde wert ist, ist Ihre individuelle Entscheidung als UnternehmerIn.

Diese Methode hat allerdings einen großen Nachteil, weil viele Maßnahmen erst mittelfristig wirken.

Welche Methode für Sie am besten ist, hängt natürlich von Ihrem Produkt und von Ihren Marketing-Zielen ab.

## 17. Marketingzeitplan

Sie haben bisher Ihre Strategie festgelegt, Sie haben Ihre Ziele und Maßnahmen geplant und auch Ihr Budget. Nun ist es an der Zeit, Ihre Marketing-Ziele und -Maßnahmen konkret und detailliert zu planen.

> **Legen Sie fest, wann Sie was zu erledigen haben, um Ihre Ziele zu erreichen.**

**Beispiele für Maßnahmen:**

Designer für Visitenkarten suchen bis 15.3.

Von Druckereien Angebote einholen bis 15.4.

Druckerei auswählen und beauftragen bis 30.4.

Zeitung für Inserat auswählen bis 2.5.

Inserat texten und layouten (lassen) bis 10.5.

Inserat Annahmeschluss bei Zeitung am 30.5.

............................................

**Eine Auflistung möglicher Marketingkosten finden Sie im Kapitel Kosten- und Investitionsplan.**

## 18. Marketing-Controlling

Versuchen Sie, den Erfolg Ihrer Maßnahmen so gut wie möglich zu messen.

> **Nur das, was Sie messen können, können Sie auch vernünftig planen.**

Gewöhnen Sie sich an, jeden Neukunden danach zu fragen, wie er von Ihnen erfahren hat und führen Sie ggf. eine Strichliste darüber, wie Ihre Kunden zu Ihnen finden.

Wenn Sie zum Beispiel erfahren, dass viele Kunden über eines Ihrer Plakate am Bahnhof zu Ihnen finden, dann bringen Sie ein zweites an.

Und wenn Sie merken, dass kein einziger Kunde sich auf Ihre Anzeigenwerbung meldet, dann wissen Sie, dass Sie die Anzeige verbessern müssen oder dass diese Werbemaßnahme vielleicht einfach nichts bringt.

Ständige Erfolgskontrolle Ihrer Marketing-Maßnahmen ist eine zwingende Voraussetzung dafür, dass Sie Ihr Marketing verbessern können.

Nur so können Sie wertvolle Erfahrung sammeln, was für Sie funktioniert und was nicht.

## 19. Umsatzplanung

> **Mit welchen Einnahmen rechnen Sie?**
>
> **Wie viele Kunden brauchen Sie, um diesen Umsatz zu erreichen?**
>
> **Welche Mengen bzw. Stunden müssen Sie verkaufen?**

Multipliziert man den Preis eines Produktes/einer Leistung mit der verkauften Menge in einem bestimmten Zeitraum (z.B. Monat), so erhält man den Umsatz für dieses Produkt/diese Leistung im angegebenen Zeitraum.

Summiert man alle so erhaltenen Umsätze des Monats, so erhält man als Ergebnis den Umsatz des Unternehmens im Monat.

Zur Ermittlung des Umsatzes für einen bestimmten Zeitraum müssen in der Planung somit zwei wichtige Kalkulationen durchgeführt werden.

**Mengenplanung:**

Abschätzung der verkauften Menge in einem Zeitraum für jedes Produkt/jede Dienstleistung

**Preisplanung:**

Preiskalkulation für jedes Produkt/jede Dienstleistung

## 20. Verkaufbare Menge eines Produktes – Markt- und Konkurrenzanalyse

Ihr Unternehmen kann nur dann erfolgreich sein, wenn ein Markt für Ihre Produkte bzw. Ihre Dienstleistungen vorhanden ist.

**Fragen zur Marktanalyse:**

- Warum zielen Sie gerade auf dieses Marktsegment/diese Zielgruppe ab?
- Wie groß sind das Marktvolumen, Marktpotential die Wachstumsraten in der Branche, dem Gesamtmarkt und Ihrem Zielmarkt?
- Welche Trends zeichnen sich in Ihrer Branche, dem Gesamtmarkt und Ihrem Zielmarkt ab?
- Wodurch wird die Marktentwicklung bestimmt?
- Welche Rolle spielen Innovation und technologischer Fortschritt?

Businessplan

- Wie entwickeln sich Ihre Materialkosten, wie die Preise, die sich am Markt für Fertigprodukte Ihrer Branche erzielen lassen?
- Auf welchen Annahmen basieren ihre Schätzungen?
- Was sind die wesentlichen Erfolgsfaktoren in Ihrem Markt?
- Welche Renditen werden in der Branche erzielt?
- Welche Art von Marktbeschränkungen bzw. Markteintrittsbarrieren bestehen?
- Welche Gesetze, Verordnungen oder Bestimmung beeinflussen den Markt? Inwiefern ist Ihr Unternehmen davon betroffen?
- Wie häufig sind Konkurse in Ihrer Branche?
- Wer sind Ihre bestehenden und potentiellen Kunden?
- Welche Anforderungen und Bedürfnisse haben Ihre Kunden?
- Welche Faktoren (z.B. Produkteigenschaften, Preise, Service, Image, Vertriebswege) sind kaufentscheidend?
- Weshalb kaufen Ihre Kunden bei Ihnen?

- Warum kaufen potentielle Kunden nicht bei Ihnen?
- Wie sieht ein typischer Kaufentscheidungsprozess aus?
- Wie lange dauert er, wer trifft die Kaufentscheidung?
- Wie hoch ist die typische Einkaufsgröße?
- Welche Unternehmensgröße haben Ihre Kunden?
- Sind Sie von Großkunden abhängig?

Businessplan

**Fragen zur Konkurrenzanalyse:**

- Welche wichtigen Wettbewerber bieten vergleichbare Produkte an oder entwickeln solche?
- Welche lösen die Kundenprobleme mit anderen Produkten, Dienstleistungen oder Technologien?
- Welche Produkte und Problemlösungen bieten Ihre Wettbewerber an?
- Welche Kundengruppen sprechen Ihre Wettbewerber an?
- Welche Marktanteile halten Ihre Wettbewerber?
- Welche Strategien verfolgen Ihre Wettbewerber?
- Welche Neuentwicklungen sind bei den Wettbewerbern zu erwarten?
- Wie profitabel arbeiten Ihre Wettbewerber jetzt und in der Zukunft (Schätzung)?
- Welche Vertriebskanäle nutzen Ihre Wettbewerber?

- Wie sind die Stärken und Schwächen Ihres Angebotes im Vergleich zu Ihren Wettbewerbern zu beurteilen (hinsichtlich Preis, Qualität, Funktionalität, Betriebskosten, Service etc.)?
- Wie stellen sich Produkte (hinsichtlich Preis, Qualität, Funktionalität, Betriebskosten, Service etc.), der Vertrieb, der Standort etc. Ihrer Wettbewerber dar?
- Vergleichen Sie Stärken und Schwächen der wichtigen Wettbewerber mit Ihren eigenen in einem Übersichtsprofil!
- Verfügen Sie über einen eindeutigen Wettbewerbsvorteil?
- Wie dauerhaft wird dieser sein?
- Wie wollen Sie ihn verteidigen?

## 21. Verrechenbare Arbeitszeit eines Dienstleisters

In diesem Schritt wird errechnet, wie viel Zeit pro Jahr überhaupt dem Kunden verrechnet werden kann. Hier werden diverse nicht verrechenbare Zeiten, die nicht direkt für Kundenaufträge zur Verfügung stehen, ermittelt.

**Nicht verrechenbare Tätigkeit (schätzen sie ihren Bedarf an Stunden)**

Büroarbeit

Kundenkontakt

Vertrieb

Fahrzeit

**Summe**

## Jahresarbeitszeit

Wochen im Jahr

Urlaub

Krank

Sonstiges

**Arbeitswochen pro Jahr (AJ)**

## Jahresstundenkalkulation

Gesamtwochenstunden

nicht verrechenbare Zeit

**Summe verrechenbare Zeit pro Woche (VW)**

Arbeitswochen im Jahre (AW)

Gesamte Jahresarbeitszeit in Stunden (AWxAJ)

**verrechenbare Jahresarbeitszeit in Stunden (VWxAJ)**

## 22. Preisplanung – Wie hoch ist der Preis?

Die Preisplanung kann von 2 Seiten gesehen werden:

- Der Preis muss konkurrenzfähig sein
- Der Preis muss die Kosten decken inkl. Unternehmerlohn (Kostenpreis)

Als Unternehmer müssen Sie stets zwischen Kosten- und Marktorientierung abwägen!

Es empfiehlt sich auf jeden Fall, erst einmal Kostenpreise zu ermitteln. Damit wird bestimmt, welche Preise die Produkte/Leistungen eigentlich haben müssten.

Ist der Kostenpreis nicht konkurrenzfähig, dann müssen Sie die Kosten reduzieren.

---

**Auf keinen Fall dürfen Sie die eigenen kostendeckenden Preise ignorieren und sich ausschließlich an die Marktpreise halten!**

**Dann kann sich die Freude über viel Umsatz schnell in hohe Verluste verwandeln.**

## 23. Preis-Kalkulation im Dienstleistungsbetrieb

Nicht jede Stunde eines Selbstständigen ist eine produktive, "fakturierbare" Stunde, also eine, die einem Kunden in Rechnung gestellt werden kann

Selbst wenn die Auftragslage im Allgemeinen gut ist und längere saisonbedingte Flaute-Zeiten im Laufe des Jahres nicht auftreten, ist ein Auslastungsgrad von 75 Prozent gewiss nicht als zu ungünstig zu betrachten.

Im Gegenteil: Für die meisten Selbstständigen dürfte das schon eine Traumquote sein. Außerdem müssen neue Aufträge an Land gezogen, Angebote oder Rechnungen geschrieben und die Bücher geführt werden.

Außer der eigenen Arbeitskraft setzen Selbstständige weitere Mittel ein: So gilt es, die Kosten für Räume, Büroausstattung, Computer, Verbrauchsmaterial,

Geschäftswagen, eventuelle Aushilfen, betriebliche Versicherungen, Telekommunikation, Weiterbildung, Reisen und so weiter zu erwirtschaften.

Wie hoch die Kosten im Einzelfall sind, ist natürlich abhängig von der jeweiligen Dienstleistung und der dafür erforderlichen Ausstattung.

Verschärfend kommt hinzu, dass ein Selbstständiger, der sich an Endverbraucher richtet, auch noch die Umsatzsteuer an das Finanzamt abliefern muss. Sie können aber auch die Vorsteuer (an Lieferanten bezahlte Mehrwertsteuer) vom Finanzamt zurückholen.

## 24. Kosten- und Investitionsplan – Wofür brauchen Sie Finanzmittel?

Im Kosten-, Investitions- und Finanzplan werden Ihre Geschäftsidee in Zahlen gegossen.

Vergessen Sie dabei nicht, wenn Sie in der betriebswirtschaftlichen Planung falsche Annahme treffen, dann hat das sofort Einfluss darauf, wie viel Geld Sie zur Verfügung haben! Gehen Sie daher sehr sorgfältig vor!

Achten Sie darauf, dass Ihre Zahlen realistisch sind. Die Kosten werden sehr oft zu gering angesetzt bzw. werden Kosten (Lebenshaltungskosten!) ganz einfach vergessen. Auf der anderen Seite werden die Umsätze und die erzielbaren Preise oft zu hoch angesetzt. Oft wird auch die Zahlungsmoral der Kunden viel zu optimistisch gesehen.

Vergessen Sie nicht die **Erstausstattung mit Waren und Betriebsmittel** zu planen!

Ihre ersten Einnahmen kommen später als Sie glauben (Zahlungsziele der Kunden, Zahlungsmoral,...)!

---

**Planen Sie Ihre Kosten detailliert!**

**Holen Sie Kostenvoranschläge ein!**

**Achten Sie auf Vollständigkeit!**

---

Die folgende Aufzählung ist als Checkliste zu sehen und erhebt keinen Anspruch auf Vollständigkeit bzw. sind manche Kostenarten für Sie eventuell nicht relevant.

Businessplan

**Kostenart pro Jahr (Betrag in Euro)**

**Investitionen**

Räumlichkeiten (Eigentum)

Büroeinrichtung

Büromaschinen

Fahrzeuge

Hardware

Software (Lizenzen)

Netzwerk

**Summe**

Franz Bauer

**Weiterbildung**

Seminare

Fachliteratur

Fachzeitschriften

Messebesuche

Nächtigungskosten

Sonstiges

**Summe**

**Versicherungen**

Feuer

Einbruch, Vandalismus ...

Haftpflicht

Rechtsschutz

Betriebsunterbrechung

Sonstiges

**Summe**

Businessplan

**KFZ-Kosten betrieblich**

Versicherung,

Steuer

Treibstoff

Service

Reparatur

Reifen

Vignette

Parken/Strafen

Reinigung, Pflege

Werbekosten

**Summe**

**Marketing**

Beratungskosten

CD/CI

Portokosten

Visitenkarten

Portokosten für Direct-Mailing

Inserate (Print, Facebook, Google, ...)

Domain-Kosten

Homepage-/Facebook-Design

Homepage-/Facebook-Wartung

Beschilderung

Werbung in Geschäftsräumen

Werbegeschenke

Geschäftsessen

Präsentationsunterlagen

Folder/Broschüren

Autobeschriftung

Businessplan

Eröffnungswerbung

Messestand

Spende, Sponsoring

Sonstiges

**Summe**

**Kommunikationskosten**

Festnetz-Telefon

Handy

Fax

Internet

**Summe**

**Raumkosten**

Pacht/Miete

Heizung

Strom

Wasser

Müllabfuhr

Kanal

Reinigung

Instandhaltung

**Summe**

## Diverse Kosten

Personalkosten (Bruttogehalt pro Monat x 14 x 1,6 x Mitarbeiter)*

Hilfs- und Betriebsstoffe

Warenerstausstattung

Reparaturkosten

Büromaterial

Leasingkosten

Fremdkapitalkosten (Zinsen, Spesen, ..)

Steuerberatung

Rechtsberatung

Gebühren und Beiträge (FA, Notar, Mitgliedschaften,...)

Kammerumlage

Geringwertige Wirtschaftsgüter

Sozialversicherungsbeiträge

Steuern

**Summe**

*) Näherungswert!

## 25. Personalplan

Der Personalplan beinhaltet folgende Punkte

- Ø Anzahl der Mitarbeiter in
   Produktion
   Beratung, Kundendienst
   Verkauf
   Administration

- Ø Bruttogehälter/-löhne der Mitarbeiter pro Bereich
- Ø Lohn- und gehaltsabhängige Kosten
- Sonderzahlungen (13./14. Monatsgehalt)
- Dienstgeberkosten (etwa 30 % des Jahresbruttogehalts) *)
- Ø Zusätzliche Aufwendungen/Kosten
- Fahrt-, Reisespesen
- Training, Weiterbildung
- Rekrutierungskosten

*) Näherungswert!

## 26. Planrechnung – einfache Einnahmen-Ausgabenrechnung

Erstellen Sie die Planrechnung für mindestens 5 Jahre. Das erste Jahr muss möglichst genau geplant werden, die Folgejahre können einen größeren Spielraum aufweisen.

| **Planrechnung (Werte pro Jahr), Betrag in Euro (netto)** |
| --- |
| + Umsatzerlöse <br> +/- Bestandsveränderung <br> + Aktivierte Eigenleistung |
| **= Betriebsleistung** |
| - Aufwendungen für Material und bezogene Leistungen (Handelswareneinsatz) <br> - Personalaufwand (Bruttogehalt pro Monat x 14 x 1,6 x Mitarbeiter) *) <br> - Abschreibungen <br> - Mietaufwand, Pachtaufwand <br> - Leasingaufwand <br> - Marketingaufwand <br> - Versicherungen (Schaden, Betriebsausfall, ...) <br> - Sonstige betriebliche Aufwendungen |

= **Betriebsergebnis**
+Zinserträge / - Zinsaufwendungen

=**Ergebnis der gewöhnlichen Geschäftstätigkeit**
+/- außerordentliche Erträge /Aufwendungen
- Steuern vom Einkommen und vom Ertrag
- SVA-Beiträge (Sozialversicherungsanstalt der gewerblichen Wirtschaft)

=**Jahresüberschuss / Jahresfehlbetrag (Verlust)**


*) Näherungswert!

## 27. Liquiditätsplan

Die Liquiditätsplanung soll verhindern, dass Sie plötzlich zahlungsunfähig werden. Der Liquiditätsplan stellt die Zahlungsausgänge und Zahlungseingänge im zeitlichen Ablauf gegenüber.

**Liquiditätsplanung (Monat 1, Monat 2, Monat 3 usw. in Euro)**

**Anfangsbestand an Zahlungsmitteln**

**Geplante Einzahlungen**
Umsätze
Vorauszahlungen von Kunden
Zugesagte Kredite
Private Einzahlungen
Sonstige Einzahlungen

**Summe der Einzahlungen**

## Geplante Auszahlungen
Fixkosten (Mieten, Gehälter, Strom, Gas, Telefon, Versicherungen...)
Investitionen
Material, Waren, Betriebsmittel
Sonstige variable Kosten
Zahlungen an das Finanzamt (UVA, Est)
Sozialversicherungsbeiträge
Kreditraten, Leasingraten
Bankspesen und Zinszahlungen
Sonstige Zahlungen

## Private Zahlungen
Wohnkosten
KFZ-Kosten
Persönliche Vorsorge
Lebenshaltungskosten

## Summe Auszahlungen

> **Geplante Einzahlungen (plus Anfangsbestand) minus geplante Auszahlungen ergibt Über- oder Unterdeckung**

Wie wird eine Unterdeckung ausgeglichen? Woher nehmen Sie den Betrag?

Wie verwenden Sie Überschüsse?

## 28. Privatperson Unternehmer – Privater Finanzplan

Beachten Sie, dass Sie als Unternehmer/in kein regelmäßiges Einkommen mehr haben.

Sie haben aber weiterhin eine Reihe regelmäßiger Zahlungsausgänge!

Hier erhalten Sie einen Überblick, was Sie monatlich verbrauchen. Vergleichen Sie diesen Betrag mit dem Jahresüberschuss aus der Planung dividiert durch 12, dann wissen Sie, ob sie genug verdienen.

Vergessen Sie nicht, dass Sie keinen 13. und 14. Monatsgehalt mehr haben!

**Private Kosten pro Monat (Betrag in Euro pro Zeile anführen)**

**Wohnkosten**
Miete, Betriebskosten
Gas/Strom, Heizung
Telefon, Handy
ORF, Telekabel, Internet
Haushaltsversicherung
Eigenheimbesitzer: Abgaben, Müll, Wasser, .....

**KFZ-Kosten, öffentlicher Verkehr**
Leasing-/Kreditrate
Treibstoff
KFZ-Versicherung
Garage
Instandhaltung (Reifen, Reparaturen, Service, ....)
Öffentliche Verkehrsmittel (Jahreskarten, .....)

**Persönliche Vorsoge**
Lebens- und Pensionsversicherungen
Bausparen, andere Sparformen
Unfall-/Krankenzusatzversicherungen
Sonstiges

**Sonstige Verpflichtungen**
Bestehende Kredit-/Darlehensraten
Leasingraten privat
Alimente
Versandhaus

**Lebenshaltungskosten**
Haushalt, Lebensmittel
Bekleidung, Freizeit, Sport, Hobby
Schule, Taschengeld
Sonstiges

**Summe private Kosten**

Überprüfen Sie auch welche Reserven Sie haben, auf die Sie im Notfall zurückgreifen könnten. Vielleicht brauchen Sie diese Vermögenswerte auch als Sicherstellung für Ihre Bank.

| **Private Vermögenswerte (Betrag in Euro)** |
| --- |
| Haus, Eigentumswohnung (Verkehrswert) |
| Sparbücher |
| Bausparer |
| Wertpapiere |
| Lebensversicherung (Rückkaufswert) |
| Sonstige Werte |
| **Summe Vermögen** |

## 29. Risikomanagement - Versicherungen

**Risikomanagement bedeutet den eigenen Handlungsspielraum sichern!**

- Dringlichkeit zum Handeln ist sehr hoch
  Sie haben in der Krise nicht mehr die Zeit, Informationen zu sammeln und verschiedene Optionen zu prüfen.

- Sie bedrohen Ziele und Werte
  In der Krise sind Menschen bereit Dinge zu tun, die sie unter normalen Umständen nicht für möglich halten würden.

- Ihre Folgen haben schwere Konsequenzen für die Zukunft der Beteiligten
  Dien Angst ist ständiger Begleiter in einer akuten Krise. Bei der Selbstständigkeit steht nicht nur die ökonomische Existenz auf dem Spiel, sondern häufig auch das Selbstwertgefühl

- In der Krise gilt Murphy's Gesetz
Tatsächlich haben Krisen meist mehrere Ursachen, sind also nicht monokausal)
Die Situation ist dann oft schon so komplex, dass sie für eine einzelne Person nicht mehr überschaubar ist. Dien Entwicklung und Ereignisse beginnen sich zu überschlagen.

- In der Krise verändern sich die Beziehungen zu anderen Menschen, besonders zu Geschäftspartnern, aber auch im privaten Bereich.
Ungeklärte Zuständigkeiten, Verantwortlichkeiten und Aufgabenbereiche rächen sich in einer Krise besonders.

Im Einzelnen unterscheidet man die folgenden Versicherungssparten:

- Transportversicherung
- Feuer- und Elementarschadenversicherung
- Hagel-, Frost- und sonstige Sachschäden
- Allgemeine Haftpflicht
- Kreditversicherung
- Rechtsschutzversicherung
- Betriebsunterbrechungsversicherung
- Unfallversicherung, Krankenversicherung

## 30. TIPPS für die Erstellung des Businessplans

- Lassen Sie den Wunsch nicht zum Vater des Gedanken werden!
- Darstellung von best, worst and base cases.
- Vergessen Sie nicht auf sich selbst als Privatperson!
- Oft werden die realisierbaren Preise zu hoch angesetzt
- Oft werden die Einnahme/der Umsatz zu optimistisch gesehen!
- Umsatz ist nicht gleich Gewinn!
- Arbeiten Sie mit Marktstudien und Konkurrenzinformationen
- Gehen Sie mit einer realistischen Annahme hinsichtlich Ihrer Produktivität und der Ihrer Mitarbeiter in den Businessplan

- Dokumentieren Sie die Annahmen
- Eine längere Anlaufphase ist bei Start-UPS normal!
- Erstellen Sie selbst den Businessplan (nicht ein Berater!)
- **Vergessen Sie nicht auf sich selbst, Ihre Familie, Ihre Freunde!**

## 31. Kriterien für den Misserfolg - Was müssen Sie tun, um zu scheitern?

- Sie können nicht kurz und prägnant erklären, was Ihre Geschäftsidee ist
- Sie bieten wenig bzw. nichts Neues an
- Wenig neuer Kundennutzen
- Fehlende bzw. keine klaren Ziele
- Fehlende Konzentration auf Wesentliche
- Zu viel Planung
- Schwache Kommunikation zu Kunden
- Keine Fehlereinsicht
- Mangelhafte Eigenmotivation
- fehlender Unternehmergeist
- Übermut – zu hohe Privatausgaben
- Konflikte mit Partner, Familie
- Fehlende Ansprech-, Aussprechpartner
- Selbstbetrug
- Kein Controlling – Wann ist Zeit für Veränderungen?
- Geldmangel

Franz Bauer

## 32. Bonuskapitel:
### Unternehmensgründung als Projekt

**Die wichtigsten Schritte**

**für eine**

**erfolgreiche Unternehmensgründung**

**als**

**Projektplan**

## 33. Unternehmensgründung – Ihr erfolgreichstes Projekt!

Als UnternehmensgründerIn steht das große Ziel klar vor den Augen: Ich möchte mit meiner Geschäftsidee erfolgreich sein!

Aber auf dem Weg zum Erfolg gibt es viele Entscheidungen zu treffen. Sie stehen oft vor neuen, unbekannten Situationen, die sie meistern müssen. Genau hier können ihnen die Methoden und Werkzeuge des Projektmanagements helfen!

Auch in Projekten sind neue und unbekannte Situationen der Alltag, daher wurde eine Vielzahl von Werkzeugen entwickelt, die nützlich sind, wenn man sich in solchen Situationen befindet.

Franz Bauer

Die folgenden Ausführungen richten sich vor allem an GründerInnen von Einzel- und Kleinunternehmen aus dem Dienstleistungsbereich. Die vorgestellten Methoden und Werkzeugen können jedoch problemlos auch auf andere Branchen zugeschnitten werden.

**Konzentration auf das Wesentliche!**

Wie immer im Projektmanagement, muss bei jeder Methoden- und Werkzeugwahl die Frage nach der Sinnhaftigkeit und Nützlichkeit gestellt werden. Wir müssen daher stets die Frage im Hinterkopf haben, ob uns bei unserer Zielerreichung etwas hilft oder nicht. Dies ist schon die erste Maxime im Projektmanagement!

Businessplan

## Warum soll ich als GründerIn Projektmanagementmethoden verwenden?

Eine Unternehmensgründung wird von einigen wesentlichen Merkmalen charakterisiert:

- Enger zeitlicher Rahmen
- Beschränkte Ressourcen
- Beschränkte Budgets
- Komplexes Vorhaben
- Neuartigkeit
- Risiko

Das sind die gleichen Kriterien mit denen Projekte definiert werden. Genau für solche Vorhaben wurden von ProjektmanagerInnen viele Methoden und Werkzeuge zur Planung und Steuerung entwickelt und vielfach erprobt. Mit diesem Werkzeugkasten können sie ressourcenschonend und zielgenau ihre Unternehmensgründung zum Erfolg führen!

Projektmanagement kann ihnen aber nicht die fertige Lösung aus dem Hut zaubern, aber die Methoden und Techniken des Projektmanagements können ihnen sehr hilfreich sein! Sie können ihnen den Weg in die Selbständigkeit durch eine Vielzahl von bewährten und oft genutzten Hilfsmitteln und Vorgehensweisen erleichtern.

## Die Phasen einer Unternehmensgründung

Eine Unternehmensgründung durchläuft, wie ein Projekt, verschiedene Phasen.

**Ideenphase**

**Planungsphase**

**Gründungsphase**

## Businessplan

In der **Ideenphase** werden mit Kreativitätstechniken die Visionen und Strategien in plan- und kontrollierbare Zielformulierungen gebracht. Die Gründungsidee wird auf ihre Realisierbarkeit überprüft und die Basis für eine Entscheidung, ob die Idee weiterverfolgt werden soll, wird erarbeitet.

Sie kennen nach dieser Phase alle relevanten Stärken, Schwächen, Chancen und Gefahren und können sich danach optimal auf die Gründung vorbereiten.

In der **Planungsphase** werden sie auf Basis eines Strukturplans alle notwendigen Aktivitäten ableiten und in einen Termin- und Ressourcenplan bringen.

Nach dieser Phase wissen sie detailliert, was sie wann mit welchen Mitteln tun müssen, um ihr Unternehmen erfolgreich gründen zu können. Sie haben als Ergebnis einen ausführlichen Businessplan in der Hand, der sie in Verhandlungen mit Geldgebern, potentiellen Lieferanten und Kunden unterstützen wird.

Franz Bauer

In der **Gründungsphase** werden sie den Businessplan Realität werden lassen.

Sie werden ihr junges Unternehmen auf eine solide Basis stellen und sie haben sich das Werkzeug erarbeitet mit dem sie immer unter Kontrolle haben, ob sie auf dem richtigen Weg sind.

## 34. Die Idee und die Entscheidung zur Gründung

Sie haben viele Ideen und viel Energie! Sie sind überzeugt von ihrer Geschäftsidee, aber alles ist nur in ihrem Kopf und viel zu vage, um damit Geld verdienen zu können oder bei einer Bank die Finanzierung zu bekommen. Sie wissen nicht, wie die Chancen am Markt für ihre Dienstleistung oder Produkt sind?

Überall wo Sonne ist, ist auch Schatten. Kennen sie die Risiken, die auf sie zukommen werden? Das sind alles Fragen, die eine/n GründerIn, aber auch eine/n ProjektmanagerIn, immer begleiten.

**Von der Idee zur Chance!**

Wenn sie den Weg von der groben Geschäftsidee oder von ihrer Vision zur konkreten Umsetzung bringen wollen, dann brauchen sie viel Kreativität. In der Werkzeugkiste der Projektmanager gibt es dazu einige sehr brauchbare Tools, die vielfach bewährt sind.

Ds reicht von Brainstorming und Mind Maps über Assoziations- und Analogietechniken bis zu Checklisten und Fragenkatalogen. Diese Methoden sind einfach anwendbar und kosten kaum etwas.

Aber sie bieten ihnen die Chance ihre Ideen und Kenntnisse neu zu kombinieren und so auszufeilen, dass sie erfolgreich am Markt sein werden.

Ein/e gute/r ProjektmanagerIn bleibt aber nicht bei der Idee stehen, sondern er formuliert konkrete Ziele, die er/sie erreichen möchte.

Wo wollen sie in einem halben Jahr nach der Gründung stehen? Was haben sie in einem oder in 5 Jahren erreicht?

Werden sie sich klar darüber, welche Ergebnisse sie wann erreicht haben wollen!

Nur so können sie auf dem Weg zum Erfolg überprüfen, ob sie am richtigen Weg sind.

## Sind sie auch mal kritisch!

Ihre Geschäftsidee muss auch einer kritischen Überprüfung standhalten können, auch ihre Kunden und Geldgeber werden kritische Fragen stellen. Bereiten sie sich darauf vor! Stellen sie sich den Risiken und Bedrohungen, lernen sie ihre Stärken und Schwächen kennen, aber nutzen sie ihre Potentiale und Chancen. Hier gibt es wieder viel, was sie als GründerIn von einer/-m ProjektmanagerIn lernen können.

Franz Bauer

## Treffen sie die Entscheidung!

UnternehmerIn sein, bedeutet immer wieder Entscheidungen zu treffen. Sorgfältige Analysen helfen ihnen in der Gründungsphase die richtigen Entscheidungen zu treffen. Aber bei manchen Entscheidungen werden sie auch das Risiko der Ungewissheit in Kauf nehmen müssen. Sind sie bereit das Risiko zu tragen? Wird ihre Familie, ihre Freunde zu ihnen stehen, wenn es einmal „eng" wird? Auch das sind Fragen, die sie sich stellen und beantworten müssen!

Die wichtigsten Tools in der Ideenphase werden Ihnen nun in den folgenden Kapiteln vorgestellt.

## 35. Brainstorming

Die ideale Gruppengröße für Brainstorming ist 6 bis 12 Personen, die Gruppe wird von einem Moderator geleitet.

Während der Ideenfindung darf es keine Bewertung geben und Kritik ist NICHT erlaubt. Es gilt der Grundsatz, dass Quantität geht vor Qualität geht.

Die Ideen werden kurz beschreiben und es werden ALLE Ideen sichtbar festhalten (Flipchart, Pinnwand, ...) Jeder Beitrag ist erwünscht!

Erst nach Abschluss der Ideenfindung werden diese diskutiert und für die weitere Arbeit die geeigneten ausgewählt.

## 36. Mindmap

Mindmapping ist eine Kreativitätstechnik, die in den 70er Jahren von dem englischen Wissenschaftler Tony Buzan entwickelt wurde.

Ein Mindmap verbindet sprachliches mit bildhaftem Denken, es aktiviert beide Gehirnhälften.

Mit Mindmaps lassen sich Ideen, Informationen und Problemlösungen jeder Art festhalten.

## 37. SWOT-Analyse

Die SWOT-Analyse ist ein Instrument vor allem des strategischen Managements.

Damit analysiert man die interne Situation nach Stärken (Strengths), Schwächen (Weaknesses) und die externe Situation nach Chancen (Opportunities) und Risiken (Threats) des Unternehmens und leitet daraus strategische Empfehlungen für die einzelnen Produkte oder Geschäftsfelder ab (Darstellung unter Verwendung der Portfolioanalyse). Wird auch SOFT-Analyse genannt (Strengths, Opportunities, Failures and Threats).

Auf Basis der Ergebnisse einer SWOT Analyse kann ein Unternehmen Maßnahmen ergreifen, um die Stärken und Möglichkeiten zu nutzen und Schwächen sowie Risiken zu kompensieren.

| **Stärken** | **Schwächen** |
|---|---|
| sind jene Bereiche, in denen Sie sehr gut sind und sich von den Konkurrenten abheben | sind jene Bereiche in denen Sie sich verbessern müssen, wenn Sie nicht wollen, dass Ihre Konkurrenz sie überholt |
| **Chancen** | **Gefahren** |
| sind jene Bereiche die ihrem Unternehmen zu gute kommen können | sind jene Bereiche, die Ihrem Unternehmen schaden können |

## 38. Umwelt- und Risikoanalyse

In eine Umwelt- und Risikoanalyse gehen verschiedenste Fragen ein:

- Soziologische Faktoren; z. B. Werte, Lebensstil, demographische Einflüsse

- Technologische Faktoren; z. B. Forschung, neue Produkte und Prozesse

- Ökonomische Faktoren; z. B. Wirtschaftswachstum, Inflation, Zinsen

- Politische Faktoren; z. B. Wettbewerbsaufsicht, Gesetzgebung, politische Parteien

- Branchenstruktur
    - Konkurrenzverhalten innerhalb einer Branche
    - Bedrohung, dass neue Mitbewerber in den Wettbewerb eintreten
    - Verhandlungsmacht der Kunden
    - Verhandlungsmacht der Lieferanten
    - Bedrohung, das das Produkt der Branche substituiert wird

- Interessensgruppe (Stakeholder) und ihr Einfluss
    - Lieferanten
    - Kunden
    - Mitarbeiter
    - Management
    - Eigentümer
    - Regierung (Gemeinde, Landes-, Bundesebene)
    - Behörden (Finanzamt, Aufsichtsbehörden)
    - Konkurrenten

## Businessplan

Aus der Analyse der einzelnen Themenbereiche und Fragen werden konkrete Aktivitäten abgeleitet, priorisiert und Verantwortliche definiert.

## 39. Planungsphase – Basis für den Erfolg!

Wenn Sie sich für eine Unternehmensgründung entschieden haben, dann ist eine gründliche Planung ein wesentlicher Erfolgsfaktor.

Bei einer Unternehmensgründung ist eine Vielzahl von Aktivitäten zu beachten. Damit Sie einen vollständigen und systematischen Überblick haben, kann Sie ein Projektstrukturplan (PSP) unterstützen.

Bei der Erarbeitung des Projektstrukturplans zu Ihrer Selbstständigkeit listen Sie alle notwendigen Schritte auf. Sie können so strukturiert und systematisch die Basis für die Ablauf-, Termin- und Kostenplanung erarbeiten.

So werden Sie vermeiden, dass Sie von Kosten überrascht werden. Sie werden die Zusammenhänge erkennen und wissen wie umfangreich ihr Projekt „Unternehmensgründung" eigentlich ist.

**Verschaffen Sie sich einen Überblick!**

Der Projektstrukturplan und die daraus abgeleiteten Aktivitäten sind die Basis für den Ablauf- und Terminplan. Sie werden in der Gründungsphase sehr viel zu tun haben.

Mehr als Sie vielleicht zu Beginn erwarten. Daher ist es wichtig, dass Sie mit ihrem beschränkten Zeitbudget möglichst sorgfältig umgehen.

Eine gute Planung im Vorfeld ist das A & O. Nun können Sie ihre „notwendigen Schritte in eine Reihenfolge bringen. Die erstellte Aktivitätenliste ist für Sie die Grundlage.

## Bleiben Sie realistisch bei Ihren Schätzungen!

Hier passieren oft erhebliche Fehler. Der Zeitbedarf wird nach dem eigenen Wunschdenken und nicht nach realistischen Gegebenheiten geschätzt wird.

Sie werden sich mit Fragen beschäftigen müssen, wie z.B. Wann wird die Bank oder eine Förderungsstelle über Ihren Antrag entscheiden? Wann wird der Grafiker, den Sie sich wünschen, Zeit haben um Ihren Auftrag für Ihr Corporate Design abzuwickeln?

## Vor Fertigstellung des Terminplanes zum Gründungsablauf sollten Sie sich Fragen:

Was brauche ich für **„Kontrollpunkte"**, damit ich sicher weiß dass ich auf dem richtigen Weg bin. Die Projektmanager sagen dazu „Meilensteine".

Suchen Sie jene konkreten Aktivitäten, die besondere Bedeutung haben (gesicherte Finanzierung, Standortentscheidung, rechtliche Fragen, …. ).

Zu diesen Meilensteinen sollten Sie sich auch die Frage stellen, ob Ihr Gründungsprojekt noch Sinn macht oder ob Sie Ihre Gründungsidee nicht überarbeiten müssen.

**Gründen kostet Geld!**

Der Projektstrukturplan und die Aktivitätenliste sind die Basis für die Ermittlung der Kosten für die Unternehmensgründung. Jede Aktivität ist mit Kosten verbunden. Auch hier gilt wieder, möglichst realistisch schätzen!

Auf der einen Seite sind die Kosten der Unternehmensgründung, auf der anderen Seite sind die Lebenserhaltungskosten zu berücksichtigen.

Ein weiterer wichtiger Punkt ist die wirtschaftliche Betrachtung der Geschäftsidee nach der Gründung. Können Sie tatsächlich jenen Gewinn mit Ihrer Idee erwirtschaften, den Sie sich wünschen?

**Wo sind die Kunden?**

Damit Sie wissen, ob ihre Geschäftsidee vom Markt angenommen wird und Zukunftspotential hat, wird im Projektplan die Markt- und Kundenanalyse einen besonderen Stellenwert haben.

Aber auch die Konkurrenz wird zu untersuchen sein, damit Sie ihr Produkt oder ihre Dienstleistung klar und eindeutig positionieren können.

Nun haben Sie einen Plan erarbeitet, mit dem Sie gut gerüstet in die Gründungsphase gehen können.

## 40. Terminplan

Die ausgearbeiteten Aktivitäten müssen nun in eine terminliche Reihenfolge gebracht werden:

- Was muss wann erledigt werden?
- Was muss an Ergebnissen vorliegen, damit weitergearbeitet werden kann?
- Wann muss wer worüber informiert werden?
- Wann muss wer womit beauftragt werden?

## 41. Standortplanung

Für den Erfolg Ihres Unternehmens ist die Wahl des richtigen Standorts entscheidend!

Je nach Branche und Art des Betriebes werden Sie bei der Standortentscheidung auf verschiedene Kriterien achten. Jedenfalls sollten Sie immer bedenken, dass nachträgliche Standortänderungen nur mit einem hohen Kostenaufwand möglich sind.

Eröffnen oder übernehmen Sie einen **Produktionsbetrieb,** müssen Sie besondere Vorschriften wie Flächenwidmung und Bebauung beachten.

Bei der Wahl des Standorts spielt auch die mit dem Betrieb Ihres Unternehmens verbundene **Umweltbelastung** eine Rolle.

Stößt Ihr Betrieb enorme Emissionen aus oder wirft er in einer anderen Weise Umweltprobleme auf, so müssen Sie mit Umweltschutzauflagen rechnen.

Businessplan

Neben rechtlichen und umweltbezogenen Überlegungen gibt es noch eine Reihe anderer Faktoren, die bei der Standortbestimmung eine Rolle spielen:

- Ist mein Geschäftserfolg standortabhängig?
- Wie hoch sind die Grundstückskosten?
- Wie ist die Verkehrslage (Zufahrt, Parkplätze, Lademöglichkeiten ...)?
- Sind genügend Arbeitskräfte verfügbar?
- Wie groß ist die Entfernung zu wichtigen Lieferanten?
- Ist der Standort für Kunden leicht erreichbar?
- Wie sieht die Wettbewerbslage vor Ort aus?
- Wie ist es um die Kaufkraft in der Region bestellt? Und wie sind die Kaufgewohnheiten vor Ort?
- Ist die Möglichkeit einer Betriebserweiterung gegeben?
- Habe ich genügend Platz für Parkplätze?

Franz Bauer

- Kann ich bei bestimmten Standorten Förderungen kassieren?

Eine interessante Alternative können auch so genannte Gründerzentren sein. Diese bieten an ausgesuchten Standorten Büro- und Lagerflächen für Gründer an. Gerade in der Startphase könnten Sie hier von Infrastruktur- und Synergie-Effekten profitieren.

Businessplan

Wenn Sie einen **Handels- oder Dienstleistungsbetrieb** eröffnen wollen, der sich unmittelbar an den Kunden wendet, werden unter anderem folgende Faktoren von besonderer Bedeutung für Sie sein:

- Kaufkraft und Kaufgewohnheiten der Kunden
  Handelt es sich um ein Einzugsgebiet?
  Wie ist die Arbeitsmarktsituation in der Region?
  Gibt es vor allem Stamm- oder Laufkunden?

- Wie hoch ist die Einwohnerzahl?

- Wie gut ist die Verkehrslage, das Straßennetz?
  Gibt es Bahn- und Autobus-Anschlüsse?

- Wie sieht die Konkurrenzsituation aus? Wie viele direkte und indirekte Konkurrenten habe ich in der Region? Wie groß sind die Konkurrenz? Welche Standorte haben sie?
  Welchen Geschäftscharakter haben sie?

- Wie stark ist der Standort wirtschaftlich und finanziell?

Gerade bei Handels- und Dienstleistungsbetrieben hat sich im Laufe der Zeit die Standortqualität geändert. Traditionelle Geschäftsviertel verlieren durch Parkplatznot und durch Veränderungen der Verkehrsverbindungen an Attraktivität.

## 42. Markt- und Konkurrenzanalyse

Ihr Unternehmen kann nur dann erfolgreich sein, wenn ein Markt für Ihre Produkte bzw. Ihre Dienstleistungen vorhanden ist.

**Fragen zur Marktanalyse:**

- Warum zielen Sie gerade auf dieses Marktsegment/diese Zielgruppe ab?
- Wie groß sind das Marktvolumen, Marktpotential die Wachstumsraten in der Branche, dem Gesamtmarkt und Ihrem Zielmarkt?
- Welche Trends zeichnen sich in Ihrer Branche, dem Gesamtmarkt und Ihrem Zielmarkt ab?
- Wodurch wird die Marktentwicklung bestimmt?
- Welche Rolle spielen Innovation und technologischer Fortschritt?

- Wie entwickeln sich Ihre Materialkosten, wie die Preise, die sich am Markt für Fertigprodukte Ihrer Branche erzielen lassen?
- Auf welchen Annahmen basieren ihre Schätzungen?
- Was sind die wesentlichen Erfolgsfaktoren in Ihrem Markt?
- Welche Renditen werden in der Branche erzielt?
- Welche Art von Marktbeschränkungen bzw. Markteintrittsbarrieren bestehen?
- Welche Gesetze, Verordnungen oder Bestimmung beeinflussen den Markt? Inwiefern ist Ihr Unternehmen davon betroffen?
- Wie häufig sind Konkurse in Ihrer Branche?
- Wer sind Ihre bestehenden und potentiellen Kunden?
- Welche Anforderungen und Bedürfnisse haben Ihre Kunden?
- Welche Faktoren (z.B. Produkteigenschaften, Preise, Service, Image, Vertriebswege) sind kaufentscheidend?

Businessplan

- Weshalb kaufen Ihre Kunden bei Ihnen?
- Warum kaufen potentielle Kunden nicht bei Ihnen?
- Wie sieht ein typischer Kaufentscheidungsprozeß aus?
- Wie lange dauert er, wer trifft die Kaufentscheidung?
- Wie hoch ist die typische Einkaufsgröße?
- Welche Unternehmensgröße haben Ihre Kunden?
- Sind Sie von Großkunden abhängig?

**Fragen zur Konkurrenzanalyse:**

- Welche wichtigen Wettbewerber bieten vergleichbare Produkte an oder entwickeln solche?
- Welche lösen die Kundenprobleme mit anderen Produkten, Dienstleistungen oder Technologien?
- Welche Produkte und Problemlösungen bieten Ihre Wettbewerber an?
- Welche Kundengruppen sprechen Ihre Wettbewerber an?
- Welche Marktanteile halten Ihre Wettbewerber?
- Welche Strategien verfolgen Ihre Wettbewerber?
- Welche Neuentwicklungen sind bei den Wettbewerbern zu erwarten?
- Wie profitabel arbeiten Ihre Wettbewerber jetzt und in der Zukunft (Schätzung)?

- Welche Vertriebskanäle nutzen Ihre Wettbewerber?
- Wie sind die Stärken und Schwächen Ihres Angebotes im Vergleich zu Ihren Wettbewerbern zu beurteilen (hinsichtlich Preis, Qualität, Funktionalität, Betriebskosten, Service etc.)?
- Wie stellen sich Produkte (hinsichtlich Preis, Qualität, Funktionalität, Betriebskosten, Service etc.), der Vertrieb, der Standort etc. Ihrer Wettbewerber dar?
- Vergleichen Sie Stärken und Schwächen der wichtigen Wettbewerber mit Ihren eigenen in einem Übersichtsprofil!
- Verfügen Sie über einen eindeutigen Wettbewerbsvorteil?
- Wie dauerhaft wird dieser sein?
- Wie wollen Sie ihn verteidigen?

### 43. Kostenplan

**Kostenart pro Jahr (Betrag in Euro)**

Investitionen
Räumlichkeiten (Eigentum)
.............

Weiterbildung
Seminare
.............

Versicherungen
Feuer
.............

KFZ-Kosten betrieblich
Versicherung
.............

Marketing
Beratungskosten
.........

Kommunikationskosten
Festnetz-Telefon
.........

Businessplan

**Raumkosten**
Pacht/Miete

..........

**Diverse Kosten**
Personalkosten (Bruttogehalt pro Monat x 14 x 1,6 x Mitarbeiter)*
*) Näherungswert!

Warenerstausstattung
Hilfs- und Betriebsstoffe

......................

---

**Summe**


Vergessen Sie Ihrer persönlichen Lebenshaltungskosten nicht!

## 44. Finanz- und Liquiditätsplan

Die Liquiditätsplanung soll verhindern, dass Sie plötzlich zahlungsunfähig werden. Der Liquiditätsplan stellt die Zahlungsausgänge und Zahlungseingänge im zeitlichen Ablauf gegenüber.

## 45. Zusammenfassung im Businessplan

Die wichtigsten Ausarbeitungen fassen Sie in einem Businessplan zusammen. Der Businessplan ist aber kein trockenes Stück Papier sondern er lebt.

Er wird sich je nach Informationsstand und Gründungsphase immer wieder verändern, sie werden ihn für Präsentationen vor Geldgebern (Banken, Business Angels) verwenden.

Aber er ist auch Leitfaden auf dem Gründungsweg! Er dient dazu, das Sie sich nicht im Alltagsstress eines Unternehmers verirren und einen Wegweiser haben, der Ihnen immer wieder zeigt, ob Sie auf dem richtigen Weg sind.

Die hier angeführten Kapitel eines Businessplans müssen nicht in jedem Unternehmen im gleichen Detaillierungsgrad ausgeprägt sein.

Aber fehlen Sie überhaupt, dann steht Ihr Unternehmen auf sehr schwachen Beinen! Das Risiko des Scheiterns ist dann Ihr steter Begleiter!

- Executive Summary - Zusammenfassung
- Ihre Vision - Ihre Geschäftsidee
- Produkt- oder Dienstleistungsbeschreibung
- Persönliche und rechtliche Voraussetzungen
- Markt (Chancen, Potential, Konkurrenz)
- Marketingplan
- Investitionsplan – Wofür brauchen Sie Finanzmittel?
- Finanzplanes – Woher kommen die Finanzmittel?

Businessplan

- Personalplan
- Planrechung
- Liquiditätsplan
- Risikomanagement
- Vorsorge für den Notfall (Versicherungen,...)

### 46. Gründungsphase – Jetzt geht's los!

In der **Gründungsphase** werden sie den Businessplan Realität werden lassen. Sie werden ihre ersten Aufträge abwickeln und der Papierkram mit den Behörden beginnt jetzt erst so richtig. Die Gründungsaktivitäten verursachen nun auch die ersten, teilweise hohen Kosten.

Nun müssen sie ihre Zeit noch genauer einteilen! Kunden, Behörden, Geldgeber und die Mitarbeiter werden sie voll in Anspruch nehmen. Aber auch für Freunde und Familie muss in dieser stressigen Zeit noch Platz sein!

Sie sind aber gut vorbereitet und werden nun die Pläne erfolgreich umsetzen.

**Sparen Sie Zeit und Nerven!**

Businessplan

Für Ihre Behördengänge, z.B. Wirtschaftskammer, Gewerbebehörde, Sozialversicherung und Finanzamt, ist es besonders wichtig, dass Sie gut vorbereitet sind, dann können Sie sehr viel Zeit und Nerven sparen.

Nun müssen Sie aber auch arbeitsfähig sein, wenn die ersten Kunden mit Aufträgen winken.

Aber vorher haben Sie noch viel zu tun, damit Sie alle Ressourcen zur Verfügung haben, die Sie brauchen. Sind Ihre Büros oder Gebäude betriebsbereit? Haben Sie das Personal, das Sie brauchen?

Sind Ihre Vertriebs- und Marketingaktivitäten im Laufen? Haben Sie ein System für Buchhaltung und Kostenrechnung aufgebaut? Haben Sie die notwendigen fachlichen und kaufmännischen Kompetenzen erworben?

Franz Bauer

## Verlieren Sie Ihr Ziel nicht aus den Augen!

Sie haben nun soviel zu tun, dass Sie leicht Ihr Ziel aus den Augen verlieren können. Sie werden mit vielen kleinen und auch ein paar größeren Problemen kämpfen. Mit einem gut vorbereiteten Kontrollsystem werden Sie trotz Stress im Alltagsgeschäft, nie Ihr Ziel aus den Augen verlieren und den richtigen Überblick über ihr Unternehmen haben.

Sie haben in der Planungsphase ein für Ihre Unternehmensgröße und Branche passendes System erarbeitet, dass Sie mit den wichtigsten Informationen über Umsatz, Kosten und Gewinn versorgt.

So wissen Sie jederzeit, dass Sie Gegensteuern müssen, wenn es Probleme gibt.

---

**Mit einem gut geplanten Projekt „Unternehmensgründung" sind Sie sicher auf dem Weg zum Erfolg!**

www.ingramcontent.com/pod-product-compliance
Lightning Source LLC
Chambersburg PA
CBHW031427210526
45464CB00005B/2085